LETTRE

A LOUIS XVIII,

SUR SON SÉJOUR A PARIS.

PAR CHATEAU-VIEUX.

STRASBOURG,

De l'imprimerie de F. G. LEVRAULT, imprimeur
de la Préfecture.

1815.

N.º 11.

LETTRE

A LOUIS XVIII,

SUR SON SÉJOUR A PARIS;

PAR CHATEAU-VIEUX.

J E suis Français, né d'une famille qui compte d'illustres défenseurs du trône de vos pères ; ami de la Patrie, reconnaissant des bienfaits dont vos prédécesseurs ont comblé mes ancêtres, mon devoir, Monsieur le Comte de Lille, m'impose l'obligation de vous faire connaître la voix du Peuple que vous avez gouverné pendant onze mois.

Long-temps avant 1789, tout, en France, présageait une grande révolution annoncée par les hommes éclairés de la monarchie. Le despotisme de Louis XIV, la dépravation de Louis XV, se communiquant à toutes les classes du peuple, la faiblesse de l'infortuné Louis XVI, avaient placé la France sur le cratère d'un volcan, qui, dans sa terrible explosion, a menacé d'engloutir, sous sa lave brûlante, l'Europe entière. Quelle a été votre conduite dans ces crises orageuses, où la Nation brisa le joug qu'elle portait depuis treize siècles? On vous accuse d'avoir été le premier prince parjure au Roi mort sur l'échafaud, délaissé de ses gentilshommes, qui avaient juré de faire autour de sa personne un mur d'airain; on cite que, lors de la réunion des notables du royaume, vous voulûtes prouver l'illégitimité des enfans de Marie-Antoinette : vous auriez donc voulu expulser de la famille royale cette nièce qui vous a prodigué, depuis, tous les soins de la piété filiale. Mais un fait certain, dont tout Paris connaît l'authenticité, est la mort malheureuse de Favras : vous l'aviez choisi pour être le moteur secret du parti que vous cherchiez à former en votre faveur; il se dévoua, avec un coupable zèle, à vos intérêts personnels; une mort ignominieuse a été sa récompense; vous l'avez abandonné lorsque ses juges même vous donnaient les moyens de le sauver. De retour en France, vous avez laissé dans l'indigence le frère de votre victime; n'ayant pu obtenir de vous des secours que des intrigans usurpaient à votre cour, au détriment des familles ruinées pour la cause des Bourbons, vous saurez, ô honte de votre règne! vous saurez que la générosité de Napoléon a acquitté cette dette pour vous !

Lorsque, fuyant la France, vous allâtes chercher un asile à Coblentz, les débris des compagnies des gardes du corps et les émigrés rassemblés pour armer tous les rois contre notre patrie, vous reçurent avec indifférence; en vain vous avouâtes vos torts, il vous fut impossible de les faire oublier : on eut pitié de votre infortune; Condé seul régnait sur tous les cœurs. Le comte d'Artois plaisait par ses manières polies : mais son air chevaleresque ne put lui concilier l'estime générale; ses excès, qu'il ne me convient point de retracer, l'avaient rendu méprisable. Qu'a-t-il fait de l'épée qu'il reçut d'une impératrice du Nord pour reconquérir le trône d'Henri IV? Tandis que les provinces de l'Ouest étaient armées pour votre cause, princes faibles, errans et fugitifs, vous couriez de royaume en royaume sans oser vous approcher de votre terre natale, que vous aviez embrasée des feux des discordes civiles. Vous avez voulu, Monsieur le Comte, être roi; vous avez paru au milieu de nous, précédé et suivi des armées russes, autrichiennes, anglaises, prussiennes : je ne vous dirai point que vous ayez été reçu avec indifférence; la plupart de mes concitoyens, à votre avénement, crurent à une paix honorable.

Environné de Cosaques, de ces barbares du Nord, vil rebut de l'espèce humaine, les Parisiens étaient terrorifiés par la renommée de leurs cruautés et de leurs dévastations. Ce fut dans cette fatale circonstance, amenée par la trahison et la perfidie de quelques hommes comblés d'honneurs et de richesses sous Napoléon, que vous entrâtes dans la capitale : vous fûtes accueilli comme un libérateur, et, sous des guirlandes de fleurs, vous arrivâtes au palais des rois, témoin de tant d'époques désastreuses à votre famille, et dont les murs attestent encore la journée du 10 Août. Vous aviez sous vos yeux de terribles leçons : vous ont-elles été profitables? Je vais vous suivre dans le court espace de votre règne. Je sais bien que les rois aiment rarement qu'on leur dévoile les torts de leur gouvernement : méditez pour votre bonheur à venir ce que je vous écris ; je serai toujours guidé par le respect dû à votre personne et par le souvenir des bienfaits que ma famille a reçus de vos aïeux.

Lorsque vous avez été mis sur le trône de César, la confiance que vos vertus préconisées avaient inspirée aux Français, annonçait dans vous un nouveau Titus, ou, si vous aimez mieux, le règne pacifique de Numa Pompilius. Cette confiance se dissipa aussitôt; une sourde inquiétude remplaça ce sentiment. Votre frère avait déjà livré à nos ennemis les boulevards de l'indépendance nationale, conquis et défendus pendant vingt années de guerres et de triomphes ; nos places fortes et nos munitions étaient deve-nues, par l'ineptie du comte d'Artois et par votre faiblesse, la propriété des puissances conjurées : une paix honteuse en a été le résultat. La na-tion, rassasiée de gloire, pensait toucher enfin à cet instant si désiré d'un gouvernement pater-nel ; elle a été trompée et, bien plus, désho-norée : vous n'avez pu lui conserver aucune conquête.

Avant de toucher le rivage français, vous vouliez tout devoir au peuple ; maître des rênes de l'État, vous avez déclaré au sein de votre cour devoir, après Dieu, votre couronne à l'Angle-terre. Aussi le beau nom de roi des Français n'a point convenu à vos désirs ; vous avez voulu posséder la France à titre de féodalité. Quelle perspective pour l'agriculteur paisible sous son chaume, pour les acquéreurs de do-maines nationaux ; quelle triste garantie contre le retour des droits de servage ! Remettre en vigueur les principes de 1789, ne point chercher à ranimer le squelette vermoulu de la noblesse, vous attacher les hommes éclairés du siècle, oublier franchement tout ce qui s'était passé en révolution, voilà ce que vous deviez faire. Vous vous êtes dit le père du peuple ; d'après ce sentiment vous deviez confondre tous les partis : plus de Jacobins, plus de Républicains, plus de Napoléonistes ; quelles qu'aient été nos opinions diverses, il fallait nous aimer tous d'un même amour, et, comme roi, vous deviez sacrifier le ressentiment de vos malheurs à l'intérêt public. Vous vous êtes abandonné avec une sécurité blâmable à des courtisans ineptes ; vous avez manqué de prévoyance dans toutes vos actions : malgré vous renaissaient l'esprit de discorde et les factions ; onze mois de votre gouvernement ont rappelé la race des princes fainéans que Boileau a si bien dépeints en disant :

Quatre bœufs attelés, d'un pas tranquille et lent,
Promenaient dans Paris le monarque indolent !

Vous m'observerez, Monsieur le Comte, que la Constitution que vous aviez donnée *de votre pure et pleine libéralité royale,* ouvrage d'une profonde politique, assurait au peuple ses droits et sa liberté. Dans votre solitude, loin de la France, vous faisiez de très-beaux projets pour sa prospérité ; mais, sur le trône, l'encens de l'adulation vous a enivré et a fait évanouir vos beaux rêves d'outremer. La charte constitution-

nelle devait être semblable à l'arche d'alliance ;
personne ne devait y porter une main sacrilége ,
et vous, qui deviez mourir sur ce rempart dé
votre puissance, vous avez été le premier à re-
lâcher le lien du pacte formé entre vous et
le peuple. La liberté de la presse n'a été qu'un
don futile ; la garantie de la vente des biens nationaux était illusoire ; le discours prématuré
d'un de vos ministres (Ferrand) a donné l'essor
à un mécontentement général, a réveillé les
haines assoupies ; les inconséquences réitérées
de l'abbé Montesquiou ont hâté votre chute.

Votre force était dans cette armée invincible
qui vous avait prêté serment de fidélité ; vous
l'avez dédaignée : vous vous êtes entouré d'une
jeunesse présomptueuse ; vous avez éloigné dé
vous les phalanges victorieuses de la vieille
garde ; vous avez décimé les troupes en rempla-
çant beaucoup d'officiers par des Vendéens dé-
gouttant du sang de leurs concitoyens, et, pour
me servir d'une expression vulgaire, vous avez
préféré aux vieilles moustaches des mentons
imberbes. Pourquoi avez-vous agi ainsi ? parce
que vous vous reposiez sur l'opinion publique ;
cette opinion était vacillante. Les hommes sen-
sés, amis de leur pays, blâmaient hautement vos
Ministres paraissant à la tribune de la Chambre
des députés pour ne présenter que des rapports

contraires à la charte constitutionnelle, ou des discours cachant une arrière-pensée. Ils déclamaient sans cesse sur le Gouvernement de Napoléon; ils nous en montraient les écarts, sans jamais nous entretenir des services signalés rendus par ce grand homme ; ils nous découvraient quelques plaies de l'État, nécessitées par les circonstances dans lesquelles la France s'est trouvée : mais tous vos orateurs n'ont pas eu le talent de ranimer l'esprit public, et, pour parler le langage de Mirabeau, ils achevaient de le tuer. Qu'est-il résulté de ces futiles déclamations, de ces imprécations répétées contre l'homme admiré de tous les peuples? L'armée vous a abandonné, a laissé à vos prosélites le soin de vous défendre sur votre trône chancelant. A l'approche de Napoléon, vous avez voulu vous rattacher une foule d'illustres guerriers réduits à la demi-solde ? il n'était plus temps : vous les aviez avilis, le mal était irréparable; vous avez été forcé de fuir avec vos gardes du corps, vos mousquetaires et vos chevau-légers. Vos gentilshommes se sont cachés à la vue des aigles triomphantes rentrant dans la capitale de l'Empire, et les Ministres des autels, dont vous aimiez à vous environner, font aujourd'hui retentir les voûtes de nos temples du chant, *Domine salvum fac Imperatorem.*

Vous n'avez pas connu la véritable situation de la France; vous n'aviez auprès de vous que des hommes ineptes, occupés de leur fortune. Vous aviez certainement des intentions pures; mais votre première faute est de n'avoir pas su choisir des Ministres dignes de vos pensées philantropiques. On a vu à votre cour éphémère les honneurs et les emplois, qui devaient être distribués avec un sage discernement, donnés à prix d'argent. Des citoyens doués de rares talens et d'une intégrité éprouvée ont été dépossédés de leurs places; et ces places ont été accordées à de vils intrigans, qui n'apportaient dans les départemens que l'esprit de discorde, tandis qu'ils devaient rallier autour du trône tous les citoyens. Le burin incorruptible de l'histoire transmettra à la postérité votre entrée triomphante dans Paris, les cœurs volant au-devant de vous; il transmettra aussi votre fuite précipitée, et vos derniers efforts pour rallumer la guerre civile. Le duc d'Angoulême a été contraint de céder au vœu de la nation; vaincu, prisonnier par ceux mêmes qu'il avait armés, il a trouvé son salut dans la générosité du chef de l'Empire et dans la magnanimité des soldats. Quel contraste avec vos actions ! Si vous avez promis deux millions à celui qui vous apporterait la tête de Napoléon, un Français eût-il de vingt-trois années de malheurs : mais j'ai été facilement détrompé. Votre pusillanimité, une coupable condescendance envers les Anglais, entraînaient la ruine de ma patrie; l'industrie nationale eût été anéantie, les arts fussent rentrés dans le berceau de leur enfance..... Que dis-je? Le flambeau de la raison éclaire le peuple Français, sa lumière resplendissante a dissipé pour jamais les fantômes de l'esclavage; la nation aurait-elle renoncé à sa gloire, afin de servir l'ambition des rois, et la cupidité de quelques hommes nés dans l'ignorance et abrutis dans les préjugés d'une noblesse devenue frivole par la lâcheté? En vain, Monsieur le Comte, cherchez-vous dans les descendans de l'antique chevalerie les Bayard, les Catinat, les Turenne; il ne reste de leur race que le souvenir de leurs exploits et de leur valeur. Les Charlemagne, François 1.er, Henri-Quatre ne sont plus. . . . . . Je vous le demande, Monsieur le Comte, suffit-il de les citer pour qu'on les retrouve dans leurs descendans ?

Vous avez quitté la France; abandonné de votre peuple, il a refusé de combattre pour vous: vous ne pouvez vous dissimuler cette vérité. Le Français vous plaint, parce que vous avez été trompé. Vous n'êtes point fait pour être roi; il vous manque la première science d'un monarque, celle de connaître le peuple qu'il régit, afin de lui donner des lois convenables à ses mœurs, à ses usages, à ses habitudes. Aucun de vos ministres ne possédait cette force d'âme qui élève l'homme public au-dessus de tous les périls. Si les rois de l'Europe s'arment pour votre cause, ils trouveront une barrière invincible à leurs projets liberticides : le peuple Français est debout; s'il est vaincu, vous ne trouverez que des ruines. Une cruelle destinée vous accable; acquérez par votre résignation une nouvelle gloire plus digne de vos vertus que la pourpre royale. Tel prince, petit au faîte des grandeurs humaines, s'est montré grand et sublime dans le malheur.

CHATEAU-VIEUX.

www.ingramcontent.com/pod-product-compliance
Lightning Source LLC
Chambersburg PA
CBHW051436060726
47596CB00006B/2516